ÉCOLE MOTHER TERESA SCHOOL
121 MIDLAKE BLVD. S.E.
CALGARY, AB T2X 1T7

Gallimard Jeunesse / Giboulées
Sous la direction de Colline Faure-Poirée

Conception : Néjib Belhadj Kacem
Maquette : Audrey Jeannot
© Gallimard Jeunesse, 2005
ISBN : 2-07-05-0823- 4
Dépôt légal : octobre 2005
Numéro d'édition : 130250
Loi n° 49956 du 16 juillet 1949
sur les publications destinées à la jeunesse
Imprimé en Belgique par Proost

La naissance

Textes : Catherine Dolto et Colline Faure-Poirée
Illustrations : Frédérick Mansot

GiBOULÉES
Gallimard Jeunesse

Pour qu'un nouvel enfant arrive au monde, il faut un papa et une maman. Chacun d'eux porte en lui des cellules de vie, elles doivent se rencontrer pour former un bébé. Chaque papa et chaque maman a sa manière de raconter comment ça s'est passé pour lui ou pour elle.

L'histoire de notre vie commence donc bien avant notre naissance, quand nos parents ont été assez amoureux pour avoir envie d'avoir un bébé. Ça fait du bien de savoir qu'on arrive tous d'un moment d'amour, même s'il n'a pas duré toujours.

Au début, le petit humain est gros comme un grain de sable. Il faut neuf mois pour qu'il soit prêt à naître, c'est le temps de la grossesse. Quand une femme attend un bébé, on dit qu'elle est enceinte.

Pendant les deux premiers mois, ça ne se voit pas, c'est un secret que seuls les parents connaissent.

Cachée dans le ventre des mamans, il y a une poche spéciale pour accueillir les bébés. Elle se termine par un petit trou, juste au-dessous du trou par lequel sort le pipi. C'est par là que rentrent les cellules de vie du papa et que sortent les bébés.

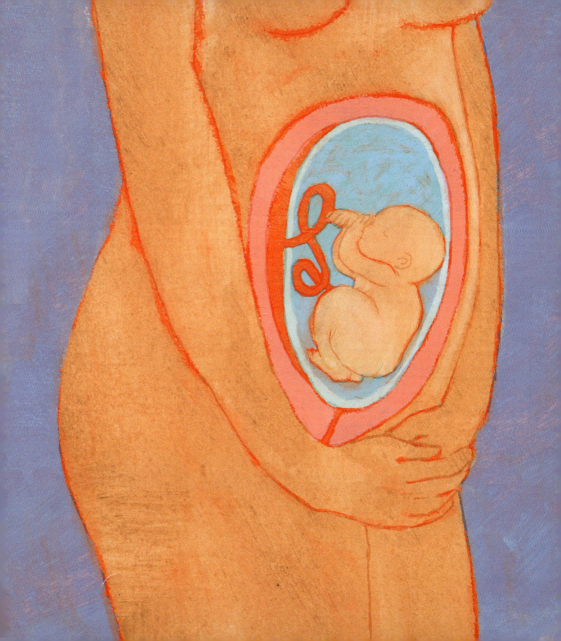

Dans sa poche, le bébé est bien à l'abri. Il est dans de l'eau qui le protège des chocs. Un cordon qui part de son nombril le relie au placenta, comme un petit cosmonaute est relié à son vaisseau spatial. Le placenta, c'est comme un gros gâteau plat où le bébé reçoit de sa maman tout ce dont il a besoin pour vivre.

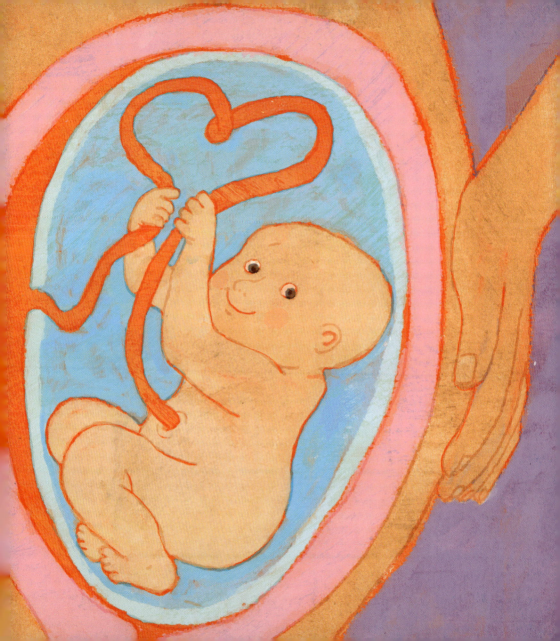

C'est grâce à ce que sa maman mange et boit et à l'air qu'elle respire que le bébé est nourri. Tout ce qu'absorbe la maman passe par le cordon, c'est pour cela que les femmes enceintes ne doivent pas fumer ni boire de l'alcool.

Parfois la maman bouge trop dans la journée alors ça fatigue aussi le bébé.

Mais, quand elle va à la piscine, ils sont comme deux poissons dans l'eau.

Petit à petit le bébé grandit, ses bras et ses jambes se forment, il se met à bouger.

Le ventre de la maman devient de plus en plus rond et tout le monde pense au bébé, qui entend tout ce qui se passe autour de lui. Si une main tendre se pose sur le ventre de la maman, il vient se nicher dessous comme pour un câlin. Si on l'appelle, il s'approche, et quand il est très content, il se balance entre les mains de ses parents.

Un beau jour, le bébé est prêt à naître, et les parents ont très envie de le voir enfin. C'est la naissance. Le bébé pousse pour se faire naître. On accompagne la maman à la maternité. Le papa, la sage-femme, le docteur aident la maman et le bébé. Peu à peu on voit ses cheveux, il arrive!

Le voilà ! Il est né ! C'est un garçon ou une fille ? Comment va-t-on l'appeler ? Tout le monde est très ému. Posé sur le cœur de sa maman, le bébé se repose de son grand voyage. Le papa coupe le cordon, mais ça ne fait pas mal du tout. Le bébé s'habitue aux bruits, à la lumière, à l'air sur sa peau, il fait attention à tout. Il a besoin de retrouver tout ce qui lui rappelle sa vie d'avant la naissance pour entrer en confiance dans cette nouvelle partie de sa vie.

Mine de rien, connaître l'histoire de notre naissance, ça nous aide à vivre. On la fête le jour de notre anniversaire qui nous rappelle que c'est un très grand moment de notre vie.

Dans la même collection :

1 Filles et garçons
2 Dans tous les sens
3 Des amis de toutes les couleurs
4 Bouger
5 la nuit et le noir
6 Les chagrins
7 Les bêtises
8 Moi et mon ours
9 Les gros mots
10 Les papas
11 Polis pas polis
12 Quand les parents sortent
13 On s'est adoptés
14 Vivre seul avec papa ou maman
15 Gentil méchant
16 Jaloux pas jaloux
17 Attendre un petit frère ou une petite sœur
18 Les mamans
19 Les câlins
20 Un bébé à la maison
21 À la crèche
22 Les colères
23 Les bobos
24 Les grands parents
25 Attention dans la maison
26 Mon docteur
27 Les doudous
28 Propre

29 Les cadeaux
30 Si on parlait de la mort
31 Respecte mon corps
32 Les parents se séparent
33 Pipi au lit
34 Tout seul
35 Ça fait mal la violence
36 Les premières fois
37 Protégeons la nature
38 Dire non
39 La télévision
40 Y'en a marre des tototes
41 Caca prout
42 La peur
43 Donner
44 Les mensonges
45 Les jumeaux
46 L'opération
47 L'hôpital
48 Les urgences
49 Chez le psy
50 L'amitié
51 La famille
52 La naissance